*Nihil obstat*
Monseñor Michael Heintz, Doctor en Filosofía
*Censor Librorum*

*Imprimatur*
@ Kevin C. Rhoades
Obispo de Fort Wayne-South Bend
23 de mayo de 2024

TINA JOST

# YO REZO POR LOS SACERDOTES

Título original:

*One Hour For My Priest. A prayer companion*

Copyright © 2024 by Tina Jost. Published by Our Sunday Visitor Publishing Division, OSV, Inc. All rights reserved.

© Ediciones Nueva Eva, 2025

www.nuevaeva.es
martamoreno@nuevaeva.es

Traducción y revisión del texto: Marta Moreno Candel
Diseño y maquetación: José S. Cantero
Diseño de cubierta: Irene Cantero
Foto de portada: Rodrigo de Miguel
ISBN: 979-13-990917-1-7
Depósito Legal: M-24318-2025
Impresión: Campillo Nevado S.A.

Printed in Spain – Impreso en España

*A la Santísima Trinidad:*
*Que esta obra sirva para darte gloria*
*y que lleve a otras personas a Ti.*

*El sacerdocio es el amor del Corazón de Jesús.*
*Cuando veas a un sacerdote,*
*piensa en nuestro Señor Jesucristo.*

San Juan María Vianney

# ÍNDICE

# INTRODUCCIÓN

Has escogido este libro para rezar por un sacerdote que conoces. Los sacerdotes son un gran regalo de Dios, y seguro que comprendes lo importante que es rezar por ellos. Sin nuestros queridos sacerdotes, no podríamos recibir a Jesús en el Santísimo Sacramento ni rezar en adoración.

En este libro, utilizo con frecuencia las palabras *misterio* y *momentos*. Tanto esas palabras como el propio libro están inspirados en la novena de san Andrés, en la que rezamos:

Salve y bendita sea la *hora* y el *momento* en que el Hijo de Dios nació de la purísima Virgen María, a medianoche, en Belén, en medio de un frío penetrante. *En esa hora*, te suplico, oh Dios mío, que escuches mi oración y concedas mis deseos, por los méritos de nuestro Salvador Jesucristo y de su Santísima Madre. Amén.

Esta oración es lo que yo denomino un *momento divino*. Aquí estamos suplicando a Dios en el momento en que nació su Hijo. Estamos pidiendo a la Santísima Trinidad, ahora y en el momento del nacimiento de Jesús, que nos ayude. Este libro contiene muchos de esos momentos divinos. Suplicaremos a Dios por el alma de nuestro sacerdote y lo llevaremos continuamente a diferentes momentos de la historia de la salvación.

Podemos rezar así porque nuestra comprensión humana del tiempo es, necesariamente, una construcción creada con límites. Dios existe completamente fuera del tiempo y, por lo tanto, fuera de esos límites. El *Catecismo de la Iglesia Católica* describe a Dios como «más allá del espacio y del tiempo» (n. 205). Así pues, la natividad de Jesús no es solo algo que sucedió, sino que, en el depósito de la eternidad, sucede continuamente. La crucifixión de Nuestro Señor sucedió y está sucediendo ahora. Su resurrección ha sucedido y sucede ahora. Reconocemos esto cada vez que rezamos: «Como era en el principio, ahora y siempre, por los siglos de los siglos». Entramos en este gran misterio en cada misa. El misterio sobrepasa nuestro entendimiento, pero lo acogemos con fe y alegría, y entraremos en él a lo largo de este libro.

Este libro está pensado para ser rezado durante una hora santa ante Jesucristo en el Santísimo Sacramento, ya sea en el sagrario o durante la adoración. Este manual te guiará a través de una hora de oración por el alma de un sacerdote: tu párroco, un sacerdote de tu diócesis o cualquier sacerdote por el que te sientas llamado a rezar.

✣ ✣ ✣

Puedes elegir entre dos horas santas diferentes:

1. Comienza con la sección titulada «En la presencia de Dios», luego reza las «Meditaciones de un minuto» y continúa con una serie de los misterios del rosario. Termina con las oraciones de la sección final, «Ayúdale».

2. Comienza con la sección titulada «En la presencia de Dios», luego reza los misterios dolorosos del rosario y el viacrucis.

Deja que el Espíritu Santo te guíe para que puedas tener flexibilidad en tus oraciones. Completa la hora con la oración final de la última parte del libro.

Ora conmigo y llevemos juntos a tu sacerdote, el padre _____, al misterio de Dios.

# EN LA PRESENCIA DE DIOS

*Amén. La alabanza y la gloria y la sabiduría y la*
*acción de gracias y el honor y el poder y la fuerza son de*
*nuestro Dios, por los siglos de los siglos. Amén.*

APOCALIPSIS 7, 12

Antes de comenzar, recordemos que estamos en la admirable presencia de Dios. Creemos que Él nos ve y nos escucha. Es una gran bendición poder pasar este tiempo con Él. Si no puedes estar físicamente en una iglesia ante el Santísimo Sacramento, puedes, como dice san Juan Vianney, «volar ante el sagrario» con la mente.

Al comenzar este tiempo de oración, elimina todas las distracciones que puedas controlar. Por ejemplo, silencia el teléfono, etc. Si tu mente se distrae durante las oraciones, no te desanimes. Simplemente recuerda que estás en la presencia de un Dios comprensivo, pídele a tu ángel de la guarda que te ayude a concentrarte en la oración y retómala donde la dejaste. Dios escucha nuestras oraciones, por imperfectas que sean.

Cuando estés preparado para dedicar esta hora a interceder por el bien del sacerdote por el que quieres rezar, comienza.

✢    ✢    ✢

*Haz la señal de la cruz.*

*Reza:*

✢ Jesús, creo que estás verdaderamente aquí, en el Sacramento del Amor Divino.

✢ Acepta mis oraciones mientras ofrezco esta hora por el padre _____.

✢ Traigo al padre _____ humildemente ante ti, Señor.

✢ Haz que este tiempo sea fructífero para tu honor y su alma.

✢ Señor, que tu bendición descienda sobre el padre _____, ahora y por toda la eternidad.

✢ Ángel de la guarda del padre _____, llévale a Jesús.

✢ Santísima Madre, condúcele hasta Jesús.

✢ Espíritu Santo, guíale y acompáñale todos los días de su vida.

✢ San José, ruega por él.

✢ San Benito, ruega por él.

✢ San _____, santo patrón del padre _____, ruega por él.

✢ Todos los santos del cielo, rogad por él.

✢ Señor, tú conoces todas nuestras debilidades. Sana al padre _____ en todo lo que necesita ser sanado, en su mente, cuerpo y alma.

✢ Bendice su vocación.

✢ Ayúdale a hacer tu voluntad.

✢ Ayúdale a ser tan santo como Tú deseas que sea.

✢ Tú que existes fuera del tiempo bendícelo cada año de su vida.

✢ Jesucristo, Hijo de Dios vivo, ten piedad de él, un pecador.

✢ ¡Gloria a ti, Dios mío, en este momento en el sagrario y por toda la eternidad!

*Poniendo todas las intenciones del padre _____ al pie de la cruz, oramos:*

Gloria...

Padrenuestro...

Santísima Madre, Nuestra Señora, Estrella del Mar, presenta estas intenciones a Jesús.

**Sub Tuum Praesidium** («Bajo tu amparo»)

Bajo tu amparo nos acogemos, santa Madre de Dios. No deseches las súplicas que te dirigimos en nuestras necesidades; antes bien, líbranos de todo peligro, ¡oh siempre Virgen, gloriosa y bendita!

*¡Ven, Espíritu Santo!*

# ¡GRACIAS, SEÑOR!

## CINCO MEDITACIONES DE UN MINUTO

*Te alabaré de todo corazón, Dios mío;*
*daré gloria a tu nombre por siempre.*

SALMO **86,12**

En esta sección oraremos por nuestro sacerdote con cinco meditaciones de un minuto. Usaremos lo que yo llamo un «cronómetro del rosario»: piensa que cada cuenta es un segundo dentro de un minuto. Empezando por el crucifijo, mueve los dedos por cada cuenta del rosario a un ritmo constante. Cuando hayas recorrido todo el rosario con los dedos, habrá pasado aproximadamente un minuto. A veces puede que sientas que tus manos se mueven más deprisa que tus palabras; en ese caso, respira hondo y disminuye la velocidad. Disfruta del privilegio de orar en el momento, y pon atención. Piensa en tus propias intenciones específicas para estas meditaciones y se convertirán en una oración que podrás hacer en cualquier lugar y en cualquier momento. Daré sugerencias para cada meditación, pero lo mejor es que pienses en tu sacerdote en particular y personalices estas oraciones.

## Primer minuto: «Gracias, Señor, por este sacerdote»

Usando tu rosario, repite estas palabras en cada cuenta. Es así de sencillo: piensa en el sacerdote por el que estás rezando y da gracias a Dios por él. Di: «Gracias, Señor, por el padre _____». Repite esta oración en cada cuenta del rosario.

## Segundo minuto: «Gracias, Señor, por... [detalles]»

Esta meditación consiste en llevar tu acción de gracias aún más allá. Mantén al padre _____ en tu mente. En presencia de Dios, agradece de corazón las cualidades específicas del sacerdote, los logros que ha alcanzado o las bendiciones que han llegado a través de las manos de este servidor de Dios. Con el tiempo, esta meditación podría adquirir el ritmo y las características repetitivas de una letanía, a medida que añades nuevas consideraciones u omites otras (como eres libre de hacer), con la esperanza de servir mejor a tu sacerdote.

Después de cada cosa específica por la que estés agradecido, di: «¡Gracias, Señor!».

Por la vida del padre _____
**R. ¡Gracias, Señor!**

Por sus padres,
Por sus padrinos o madrinas,
Por todas las personas que lo criaron,
Por los sacerdotes que le han influido,
Por todos los que le han enseñado,
Por aquellos que le han inspirado,
Por los antepasados que rezaron por él,
Por los santos que intercedieron por él,
Por su inteligencia,
Por su educación,
Por su «sí» a su vocación,
Por su dedicación a tu servicio,

Por todos los sacramentos que ha recibido,

Por todas sus fortalezas personales,

Por su salud mental, física y espiritual,

Por que sus ojos te vean,

Por que sus oídos te oigan,

Por que sus manos te sirvan,

Por que su boca proclame tu palabra,

Por su influencia positiva en los demás,

Por su enseñanza,

Por su ejemplo,

Por su risa,

Por su bondad,

Por su gentileza,

Por su generosidad,

Por su testimonio,

Por la valentía que le das,

Por darme la oportunidad de rezar por él,

✣   ✣   ✣

Escribe aquí tus razones, únicas y personales, para dar gracias por tu sacerdote. ¿Qué bendiciones se han derivado de su sacerdocio?

_____

_____

_____

_____

_____

## Tercer minuto: «Gracias, Señor» [gratitud]

Cuando valoramos verdaderamente algo, nuestra gratitud es más profunda. Cuando damos gracias a Dios y le mostramos nuestro agradecimiento por alguien, le estamos diciendo que apreciamos a esa persona y reconocemos su valor. Cuando Jesús curó a los diez leprosos, solo uno regresó y le dio las gracias (cf. Lc 17, 11-19). El leproso que regresó conocía el valor de su curación. Comprendía lo que era ser un marginado, experimentar dolor y sufrir. Cuando Jesús le curó, se sintió profundamente agradecido de tener una vida que podía vivir plenamente de nuevo.

Este es el tipo de gratitud que queremos tener por el don del padre _____. Reflexionar sobre la bendición que representa este sacerdote en particular o, por el contrario, pensar en cómo sería la vida sin él, puede ayudarte a valorarlo con mayor profundidad.

Detente un momento y agradece el don de este sacerdote. Piensa en el valor que aporta a las personas y a la comunidad a la que sirve. Con las siguientes sugerencias, te llevará aproximadamente un minuto. (Nota: también puedes retomar los detalles de la meditación de acción de gracias anterior y añadir tu agradecimiento. Dado que cada sacerdote por el que rezamos es diferente, la personalización es importante).

Responde a lo siguiente con: «¡Gracias, Señor!».

Gracias, Dios, por el padre _____,

**R. ¡Gracias, Señor!**

Agradecemos la bendición de este sacerdote,
Agradecemos que sea un sacerdote bueno, dedicado y fiel,
Agradecemos que el Espíritu Santo obre a través de él, cuando actúa *in persona Christi*,
Agradecemos que sea un servidor leal,
Agradecemos cada misa que ofrece,
Agradecemos que nos imparta los sacramentos,

Agradecemos todos sus sacrificios ocultos,

Agradecemos que nos enseñe continuamente,

Agradecemos que tenga salud,

Agradecemos todos sus dones únicos,

Agradecemos su inteligencia,

Agradecemos su amabilidad,

Agradecemos su guía,

Agradecemos sus homilías,

Agradecemos su influencia en nuestra familia,

Agradecemos que haya sido un padre amoroso para nosotros,

Agradecemos sus consejos paternales,

Agradecemos sus horas de trabajo invisible,

Agradecemos que haya dicho «sí» a su vocación,

Agradecemos que nos acerque más a ti,

Agradecemos cada momento que sirve como sacerdote,

Agradecemos las bendiciones invisibles que emanan de su vida,

Agradecemos que nos dé la Eucaristía,

Valoramos y agradecemos el don de este sacerdote. ¡Te lo agradecemos de verdad!,

Escribe aquí algunas de las cosas que aprecias del don de tu sacerdote:

_____

_____

_____

_____

_____

_____

## Cuarto minuto: «Gracias, Señor, por las bendiciones futuras»

Muchos santos han hablado de dar gracias a Dios antes de que algo suceda. Quizás el más conocido sea el beato Solanus Casey, famoso por decir: «¡Gracias a Dios por adelantado!». Jesús nos enseñó la importancia de orar con confianza al decir: «Por eso os digo: todo cuanto pidáis en la oración, creed que os lo han concedido y lo obtendréis» (Mc 11, 24). Dar gracias a Dios por las futuras bendiciones de un sacerdote demuestra nuestra creencia en que Dios continuará dándole gracias de maneras que superan nuestro entendimiento.

En esta meditación, consideraremos las bendiciones futuras para el padre _____, dándole gracias a Dios de antemano. Tu sacerdote recibirá muchos dones de Dios a través de su vocación, y Dios utilizará su vida para bendecir a otros. Si es voluntad de Dios, ¿qué posibles acontecimientos gozosos podría vivir en el futuro? ¿Qué dones se le concederán? ¿Qué gracias invisibles?

Puedes rezar esta meditación de varias maneras. Usando de nuevo el «cronómetro del rosario», puedes rezar: «Gracias, Dios mío, por las bendiciones futuras para el padre _____». También puedes decir: «Gracias, Dios mío, por las bendiciones que se le darán al padre _____», o «Gracias por las bendiciones que recibirán otros a través de su sacerdocio y su vida».

Puedes utilizar las sugerencias que se ofrecen a continuación, pero asegúrate de personalizar esta meditación para que se adapte a tu sacerdote en particular.

Responda a lo siguiente con: «**¡Gracias, Señor!**».

Por todas las personas que el padre _____ llevará a ti,

**R. ¡Gracias, Señor!**

Por las gracias futuras que recibirá a través de los sacramentos,

Por las lecciones que enseñará en sus homilías,

Por todas las bendiciones que recibirá cada día,

Por los dones que le serán concedidos,

Por la buena salud de su cuerpo, mente y alma,

Por los consejos que dará a los demás,

Por todos los bebés que bautizará,

Por todas las misas que ofrecerá,

Por todas las confesiones que escuchará,

Por todos los matrimonios que bendecirá,

Por todas sus visitas a los enfermos,

Por la alegría que otros le traerán,

Por el regalo de las amistades en su vida,

Por todo el entendimiento que le brindarás,

Por el legado que nos dejará,

Por la esperanza continua de una vida contigo por toda la eternidad,

✢　　✢　　✢

Gracias, Dios mío, por estas futuras bendiciones, gracias y dones (escribe aquí algunas bendiciones futuras para tu sacerdote).

_____

_____

_____

_____

_____

## Quinto minuto: «Gloria a ti, Señor, en este momento»

Cuando rezamos el rosario, meditamos sobre los misterios de la vida de Jesús y la Virgen María. En este minuto, meditaremos sobre algunos pasajes del Evangelio, prestando especial atención al alma de nuestro sacerdote.

Es un gran misterio para nosotros, pero creemos que el tiempo de Dios trasciende el nuestro de un modo que supera nuestro entendimiento. Y es un misterio sagrado que merece la pena meditar. Durante este minuto, adoraremos y alabaremos a Dios y luego le pediremos que recuerde a nuestro sacerdote en un momento específico del Evangelio. Aunque hay innumerables maneras de hacerlo, este es el método que recomiendo para empezar.

En el *Gloria* que rezamos durante el Santo Sacrificio de la Misa, decimos: «Gloria a Dios en el cielo... Por tu inmensa gloria te alabamos, te bendecimos, te adoramos, te glorificamos, te damos gracias». Utilizaremos esta oración para profundizar en nuestras intercesiones, suplicando a Dios, que está fuera del tiempo.

A continuación se ofrecen algunos ejemplos de cómo hacer esta meditación utilizando el Gloria. Recuerda personalizar esta meditación por tu sacerdote.

**1. A través de los misterios del rosario:** contempla un misterio del rosario, por ejemplo, la anunciación. Visualiza la escena. Ahora alaba y adora a Dios. *«El ángel del Señor anunció a María, y concibió por obra y gracia del Espíritu Santo.* Gloria a ti, Dios mío, en el momento de la encarnación. Por tu inmensa gloria te alabamos, te bendecimos, te adoramos, te glorificamos, te damos gracias. En ese momento, ten piedad del padre _____».

**2. Mediante escenas de la Biblia:** trae a tu mente una escena relevante para tu sacerdote o para el tiempo litúrgico. Por ejemplo, contempla el momento en que Jesús curó a un leproso. Lee el pasaje de la Biblia: «En esto, se le acercó un leproso, se arrodilló y le dijo: "Señor, si quieres, puedes limpiarme". Extendió la mano y lo tocó diciendo: "Quiero, queda limpio". Y enseguida quedó limpio de la lepra» (Mt 8, 2-3). Visualiza ese momento. Ahora alaba y adora a Dios. «Gloria a ti, Dios mío, en este momento de curación. Por tu inmensa gloria te alabamos, te bendecimos, te adoramos, te glorificamos, te damos gracias. Por medio de esta acción, sana al padre _____ y límpialo de sus pecados».

**3. Mediante escenas de la vida de Cristo:** para que la meditación dure un minuto, puedes entrar en esta alabanza a su gloria (véase Ef 1, 12) utilizando las sugerencias anteriores, o puedes rezar la siguiente letanía, basada en la vida de Cristo.

Reflexiona y visualiza un momento con Dios y el sacerdote por el que estás rezando. Llévalo ante Dios. Ve despacio. Alaba y da gracias a Dios.

Después de las dos primeras invocaciones, responde con: «**Bendícelo, cúralo y ten misericordia de él**».

Gloria a ti, Señor, por toda la eternidad. Gracias, Señor. Te alabamos, Señor.

Gloria a ti, Jesús. En tu encarnación, bendice al padre _____, sánalo y ten misericordia de él.

Gloria a ti, Jesús. En el momento de tu nacimiento, R. **Bendícelo, cúralo y ten misericordia de él.**

Gloria a ti, Jesús. En tu infancia,

Gloria a ti, Jesús. Mientras trabajas junto a san José,

Gloria a ti, Jesús. Cuando predicas tu Sermón en la Montaña,

Gloria a ti, Jesús. En tus horas de agonía,

Gloria a ti, Jesús. Mientras sufres y mueres por nosotros en la cruz,

Gloria a ti, Jesús. En tu resurrección,

Gloria a ti, Jesús. Cuando saludas a tus discípulos diciendo: «La paz sea con vosotros»,

Gloria a ti, Jesús. En tu ascensión al cielo,

Gloria a ti, Jesús. Sentado a la derecha del Padre, Gloria a ti, Jesús. En todos los sagrarios del mundo,
Gloria a ti, Jesús. En las manos de cada sacerdote en el altar,
Gloria a ti, Jesús. En cada Eucaristía que recibo,
Gloria a ti, Jesús. Te alabamos ahora y por toda la eternidad,

¿Qué otros momentos de la vida de Jesús te gustaría añadir?

_____

_____

_____

_____

_____

# EL SANTO ROSARIO

*Bendita tú entre las mujeres,*
*y bendito el fruto de tu vientre.*

Lucas 1,42

En esta sección, y en las tres siguientes, rezaremos el rosario por nuestro sacerdote en particular. Mientras lees el pasaje de la Biblia asociado a cada misterio, sitúate dentro de la escena. Imagina los sonidos, las imágenes y las emociones que sentirías si estuvieras allí. Llevaremos al padre _____ al centro de la escena y le pediremos a Dios que lo bendiga en el preciso momento en que tuvo lugar. Tómatelo con calma. Pídele a Jesús y a María que te ayuden a mantener la concentración, para ayudar mejor a tu sacerdote en su vocación. Por si las necesitas, las oraciones del rosario se encuentran en el apéndice al final de este libro.

*¡Ven, Espíritu Santo!*

## Oración inicial

Santísima Madre, que amaste a tu Hijo mucho más de lo que podemos llegar a imaginar, te damos gracias por ser nuestra Madre. Escucha nuestras oraciones por este sacerdote que ha dedicado su vida al servicio de Dios y de su Iglesia.

Dios Nuestro Señor, mientras rezamos con la Reina del Cielo, sabemos que estamos aquí ante Ti, en el Sacramento del Amor Divino. Escucha nuestras súplicas por el padre _____ a lo largo de este rosario. En nombre de este sacerdote, te suplicamos que le concedas todas las gracias necesarias para vivir en estrecha unión con tu Hijo. Ayúdale a cumplir fielmente su vocación para que un día pueda escuchar estas palabras: «¡Bien, siervo bueno y fiel!; como has sido fiel en lo poco, te daré un cargo importante; entra en el gozo de tu Señor» (Mt 25, 23).

Ahora comenzamos las oraciones del rosario. Hay una intención por tu sacerdote antes de cada oración.

Ayuda al padre _____ a tener verdadera reverencia y temor de Dios ante tu sagrada presencia. *Credo...*

Ayúdale a alabarte ahora para que pueda alegrarse contigo por toda la eternidad. *Padrenuestro...*

Aumenta su fe. *Avemaría...*

Aumenta su esperanza. *Avemaría...*

Aumenta su amor. *Avemaría...*

Madre de Dios, intercede por él. *Gloria...*


## MISTERIOS GOZOSOS

### Primer misterio gozoso:
### la encarnación del Hijo de Dios

*En el mes sexto, el ángel Gabriel fue enviado por Dios a una ciudad de Galilea llamada Nazaret, a una virgen desposada con un hombre llamado José, de la casa de David; el nombre de la virgen era María. El ángel, entrando en su presencia, dijo: «Alégrate, llena de gracia, el Señor está contigo». Ella se turbó grandemente ante estas palabras y se preguntaba qué saludo era aquel.*

*El ángel le dijo: «No temas, María, porque has encontrado gracia ante Dios. Concebirás en tu vientre y darás a luz un hijo, y le pondrás por nombre Jesús. Será grande, se llamará Hijo del Altísimo, el Señor Dios le dará el trono de David, su padre; reinará sobre la casa de Jacob para siempre, y su reino no tendrá fin» (Lucas 1, 26-33).*

*Oración*

En el momento de la encarnación, clamamos: «¡Salve, Rey y Señor nuestro!», y proclamamos nuestro amor por Ti desde lo más profundo de nuestro corazón. En tu bondad, recuerda a este devoto sacerdote en ese preciso instante. Bendícelo ahora, mientras te honramos cuando viniste a nosotros como Dios hecho hombre.

Ayuda al padre _____ a crecer en santidad. *Padrenuestro...*
Ayúdale a encontrar favor ante Ti, Dios Uno y Trino. *Avemaría...*
Ayúdale a discernir tu voz con claridad. *Avemaría...*
Ayúdale a ser obediente y humilde en su vocación. *Avemaría...*

Ayúdale a decir «sí» a las pequeñas mortificaciones. *Avemaría...*

Ayúdale a ser puro como María. *Avemaría...*

Ayúdale a recurrir a María cuando esté preocupado. *Avemaría...*

Ayúdale a no tener miedo. *Avemaría...*

Ayúdale a agradecer las bendiciones. *Avemaría...*

Ayúdale a recordar que nada es imposible para Ti. *Avemaría...*

Ayúdale a servirte fielmente. *Avemaría...*

Ayúdale a pastorear su rebaño. *Gloria...*

Ayúdale a ser prudente al tomar decisiones. *María, Madre de gracia...*

*Oh, Jesús mío, perdona nuestros pecados...*

## Segundo misterio gozoso: la visitación de Nuestra Señora a su prima santa Isabel

*En aquellos mismos días, María se levantó y se puso en camino de prisa hacia la montaña, a una ciudad de Judá; entró en casa de Zacarías y saludó a Isabel. Aconteció que, en cuanto Isabel oyó el saludo de María, saltó la criatura en su vientre. Se llenó Isabel de Espíritu Santo y, levantando la voz, exclamó: «¡Bendita tú entre las mujeres, y bendito el fruto de tu vientre!» (Lucas 1, 39-42).*

*Oración*

Jesús, en el instante en que san Juan Bautista te reconoció en el seno de nuestra Santísima Madre, acuérdate de este sacerdote. Te alabamos, Jesús, y exclamamos: «¡Señor mío y Dios mío!». Clamamos llenos de alegría y amor por ti, nuestro Rey Niño. Acuérdate del padre _____ en el mismo momento de esta bendita visitación.

Ayuda al padre _____ a llevar a Jesús a los demás. *Padrenuestro...*

Ayúdale a servir a los demás con rapidez. *Avemaría...*
Ayúdale a consolar a los necesitados. *Avemaría...*
Dale amigos leales. *Avemaría...*
Ayúdale a venerar tu Santo Nombre. *Avemaría...*
Ayúdale a ser un testigo vivo, con gran devoción hacia Ti. *Avemaría...*
Dale claridad cuando esté inseguro. *Avemaría...*
Ayúdale a ser alegre y generoso. *Avemaría...*
Ayúdale a perseverar en su fe. *Avemaría...*

Ayúdale a dar gracias en todo momento, en la prosperidad y en la adversidad. *Avemaría...*
Ayúdale a ser consciente de que está siempre en la presencia de Dios. *Avemaría...*
Ayúdale a vivir su vocación lo mejor posible. *Gloria...*
Ayúdale a practicar la santa justicia. *María, Madre de gracia...*
*Oh, Jesús mío...*

### Tercer misterio gozoso: el nacimiento del Hijo de Dios en Belén

*Sucedió en aquellos días que salió un decreto del emperador Augusto, ordenando que se empadronase todo el Imperio. Este primer empadronamiento se hizo siendo Cirino gobernador de Siria. Y todos iban a empadronarse, cada cual a su ciudad. También José, por ser de la casa y familia de David, subió desde la ciudad de Nazaret, en Galilea, a la ciudad de David, que se llama Belén, en Judea, para empadronarse con su esposa María, que estaba encinta. Y sucedió que, mientras estaban allí, le llegó a ella el tiempo del parto y dio a luz a su hijo primogénito, lo envolvió en pañales y lo recostó en un pesebre, porque no había sitio para ellos en la posada (Lc 2, 1-7).*

*Oración*

Los ángeles cantaron gloriosamente al proclamar tu nacimiento. En ese preciso momento, te rogamos que recuerdes a tu fiel servidor. Ayúdale a cantar tus alabanzas y a darte gloria. Proclamamos «Gloria a Dios en las alturas» por tu venida, y alabamos tu poder lleno de amor, unidos a todos los ángeles y los santos, por este sacerdote. En este momento, recuérdalo y ayúdale en su vocación.

Ayuda al padre _____ a adorarte desde lo más profundo de su corazón. *Padrenuestro...*
Ayúdale a proclamar la buena nueva. *Avemaría...*
Ayúdale a cantar tus alabanzas. *Avemaría...*
Ayúdale a entregarte todos sus talentos. *Avemaría...*
Ayúdale a buscar tu rostro por siempre. *Avemaría...*
Ayúdale a recurrir a san José. *Avemaría...*
Ayúdale en su incredulidad. *Avemaría...*
Ayúdale a mostrar virtudes heroicas. *Avemaría...*
Ayúdale a ser considerado con los demás. *Avemaría...*
Dale sabiduría. *Avemaría...*
Ayúdale a crecer en rectitud. *Avemaría...*
Al igual que hicieron los Reyes Magos, ayúdale a honrarte como Rey. *Avemaría...*

Ayúdale a crecer en templanza. *María, Madre de gracia...*
*Oh, Jesús mío...*

## Cuarto misterio gozoso: la presentación de Jesús en el templo y la purificación de Nuestra Señora

*Cuando se cumplieron los ocho días para circuncidar al niño, le pusieron por nombre Jesús, como lo había llamado el ángel antes de su concepción. Cuando se cumplieron los días de su purificación, según la ley de Moisés, lo llevaron a Jerusalén para presentarlo al Señor, de acuerdo con lo escrito en la ley del Señor: «Todo varón primogénito será consagrado al Señor», y para entregar la oblación, como dice la ley del Señor: «un par de tórtolas o dos pichones» (Lc 2, 21-24).*

*Oración*

Te adoramos, Jesús, y nos regocijamos en la hora de tu presentación en el templo. Te imploramos desde lo más profundo de nuestras almas que bendigas a este sacerdote. En este momento, al igual que Ana y Simeón, te reconocemos, honramos y consideramos como Nuestro Dios y Señor. Exclamamos: «¡Tú eres el único Dios verdadero!». Recuerda a tu sacerdote en este instante de reconocimiento y concédele todas las gracias que necesita para hacer tu santa voluntad.

Ayuda al padre _____ cuando una espada le traspase el corazón. *Padrenuestro...*
Ayúdale a ser obediente con sus superiores. *Avemaría...*
Ayúdale a discernir con prudencia cuando se enfrente a una decisión complicada. *Avemaría...*
Ayúdale en esos momentos difíciles que solo Tú ves. *Avemaría...*
Ayúdale a hacer las cosas pequeñas que dejan una huella duradera en su alma. *Avemaría...*
Ayúdale a dedicarse a tu servicio. *Avemaría...*
Ayúdale a administrar los sacramentos con reverencia. *Avemaría...*
Ayúdale a consagrarse verdaderamente al Sagrado Corazón de Jesús. *Avemaría...*
Ayúdale a ser luz para los demás. *Avemaría...*
Ayúdale a escuchar tu voz. *Avemaría...*

Ayúdale a ser paciente y a tener esperanza, como Ana. *Avemaría...*

Ayúdale a ser justo y devoto, como Simeón. *Gloria...*

Ayúdale a crecer en fortaleza. *María, Madre de gracia...*

*Oh, Jesús mío...*

## Quinto misterio gozoso: el Niño Jesús perdido y hallado en el templo

*Sus padres solían ir cada año a Jerusalén por la fiesta de la Pascua. Cuando cumplió doce años, subieron a la fiesta según la costumbre y, cuando terminó, se volvieron; pero el niño Jesús se quedó en Jerusalén, sin que lo supieran sus padres. Estos, creyendo que estaba en la caravana, anduvieron el camino de un día y se pusieron a buscarlo entre los parientes y conocidos; al no encontrarlo, se volvieron a Jerusalén buscándolo. Y sucedió que, a los tres días, lo encontraron en el templo, sentado en medio de los maestros, escuchándolos y haciéndoles preguntas. Todos los que le oían quedaban asombrados de su talento y de las respuestas que daba (Lc 2, 41-47).*

*Oración*

Uniéndonos a tus padres cuando te descubrieron en el templo, nos maravillamos de tus caminos, y te alabamos y adoramos, Señor Dios nuestro. Acuérdate de este sacerdote en ese momento de alivio de María y José, y ayúdale a encontrarte de nuevo cada día. Te damos gracias por tu presencia al meditar tu reencuentro con María y José. Te rogamos que nunca olvides a este siervo devoto y proclamamos como signo de alabanza: «¡Gloria a Ti, Rey de la gloria celestial!».

Ayuda al padre _____ a seguir las enseñanzas auténticas y las verdades eternas de la Iglesia. *Padrenuestro...*

Aumenta su comprensión. *Avemaría...*

Libéralo de toda ansiedad. *Avemaría...*

Ayúdale a discernir las inspiraciones del Espíritu Santo. *Avemaría...*

Ayúdale a amarte durante toda su vida. *Avemaría...*

Ayúdale a proteger a su rebaño. *Avemaría...*

Ayúdale a no sentirse nunca muy solo. *Avemaría...*

Fortalécele en la tentación. *Avemaría...*

Ayúdale a ser humilde. *Avemaría...*

Ayúdale a buscarte y encontrarte siempre. *Avemaría...*

Aumenta su amor y su compromiso contigo y con su vocación cada día. *Avemaría...*

Inspírale para que ofrezca sus sufrimientos por su rebaño. *Gloria...*

Enséñale a crecer en las virtudes cardinales. *María, Madre de gracia...*

Guíalo a la eternidad en el cielo. *Oh, Jesús mío...*

*Dios te salve, Reina y Madre...*

*En el nombre del Padre, y del Hijo, y del Espíritu Santo. Amén.*

## MISTERIOS LUMINOSOS

### Primer misterio luminoso: el bautismo en el Jordán

*Apenas se bautizó Jesús, salió del agua; se abrieron los cielos y vio que el Espíritu de Dios bajaba como una paloma y se posaba sobre él. Y vino una voz de los cielos que decía: «Este es mi Hijo amado, en quien me complazco» (Mt 3, 16-17).*

*Oración*

Jesús, al revelarse tu divinidad durante tu bautismo, te veneramos como nuestro Dios y Rey. Gracias por guiarnos. Te alabamos ahora y te pedimos que ilumines la mente y el corazón de este fiel sacerdote. Lava sus pecados, purifícalo y renueva su alma.

Ayuda al padre _____ a ver al Espíritu Santo obrando en la Iglesia. *Padrenuestro...*
Dale la gracia santificante. *Avemaría...*
Mantén viva en él la luz de la fe. *Avemaría...*
Ayúdale a recordar que fue creado a tu imagen. *Avemaría...*
Guíale para que busque la obra de tus manos a su alrededor. *Avemaría...*
Ayúdale a buscar la Verdad, la Bondad y la Belleza. *Avemaría...*
Ayúdale a vivir en comunión contigo. *Avemaría...*
Ayúdale a llevar la luz del Dios vivo a los demás. *Avemaría...*
Recuérdale que está sellado con la marca de Cristo. *Avemaría...*
Dale fuerzas para guiar a otros a buscar la eternidad contigo. *Avemaría...*

Ayúdale a vivir con entusiasmo y alegría. *Avemaría...*
Ayúdale a acoger a los nuevos miembros bautizados de la Iglesia. *Gloria...*
Ayúdale a administrar el sacramento del bautismo con amor. *María, Madre de gracia...*
*Oh Jesús mío...*

## Segundo misterio luminoso: las bodas de Caná

*A los tres días había una boda en Caná de Galilea, y la madre de Jesús estaba allí. Jesús y sus discípulos estaban también invitados a la boda. Faltó el vino, y la madre de Jesús le dice: «No tienen vino». Jesús le dice: «Mujer, ¿qué tengo yo que ver contigo? Todavía no ha llegado mi hora». Su madre dice a los sirvientes: «Haced lo que él os diga» (Jn 2, 1-5).*

*Oración*

A la vez que conviertes el agua en vino, Señor Jesucristo, te honramos como nuestro Redentor. Nos maravilla este milagroso regalo para todos los asistentes a la fiesta, y lo celebramos con alegría. Recuerda a nuestro buen pastor en este momento y ayúdale a transformarse en el servidor que Tú deseas que sea. Ayúdale a saborear este misterio al celebrar tus sacramentos y a ver tus milagros cuando menos lo espera.

Ayuda al padre _____ a confiar en Ti cuando las cosas parezcan desalentadoras. *Padrenuestro...*
Ayúdale a maravillarse con cada uno de tus milagros. *Avemaría...*
Ayúdale a buscar señales tuyas. *Avemaría...*
Ayúdale a esperar pacientemente la hora señalada. *Avemaría...*
Ayúdale a confiar en tu divinidad. *Avemaría...*
Ayúdale a alegrarse con cada atisbo de un nuevo milagro. *Avemaría...*
Ayúdale a desear conocerte, Jesús, cada vez más. *Avemaría...*
Ayúdale a recordar que debe vivir serenamente contigo. *Avemaría...*
María, intercede por él. *Avemaría...*
Ayúdale a hacer lo que Jesús le diga (cf. Jn 2, 5). *Avemaría...*
Ayúdale a seguir el ejemplo de confianza de María. *Avemaría...*

Dale la gracia de creer en la divina revelación de Cristo. *Gloria...*

Ayúdale a prepararse a sí mismo y a su rebaño para el cielo. *María, Madre de gracia...*

*Oh, Jesús mío...*

### Tercer misterio luminoso: el anuncio del reino de Dios

*Después de que Juan fue entregado, Jesús se marchó a Galilea a proclamar el Evangelio de Dios; decía: «Se ha cumplido el tiempo y está cerca el reino de Dios. Convertíos y creed en el Evangelio» (Mc 1, 14-15).*

*Oración*

Jesús, al emprender tu ministerio y comenzar a sanarnos, enseñarnos y guiarnos, te veneramos. Tú anuncias que eres el Mesías, y nosotros te alabamos y glorificamos. Gracias por venir a redimirnos, trayendo todas las cosas a Ti. En este momento glorioso, te adoramos y te pedimos que sanes, enseñes y guíes a tu sacerdote a una unión más profunda contigo.

Ayuda al padre _____ a ver que el tiempo contigo nunca es tiempo perdido. *Padrenuestro...*

Ábrele los ojos para que pueda verte con mayor claridad. *Avemaría...*

Ayúdale a aceptar el Evangelio con convicción. *Avemaría...*

Ayúdale a construir tu reino celestial en la tierra. *Avemaría...*

Ayúdale a enseñar con sabiduría celestial. *Avemaría...*

Haz que sus homilías conmuevan los corazones de sus oyentes. *Avemaría...*

A través de tus sacramentos, hazle partícipe de tu sanación. *Avemaría...*

Dale las gracias necesarias para emplear su tiempo con sabiduría. *Avemaría...*

Ayúdale a fomentar vocaciones para servir a la Iglesia. *Avemaría...*

Que guíe con ternura a su rebaño. *Avemaría...*

Ayúdale a arrepentirse y a creer. *Avemaría...*

Ayúdale a volver rápidamente si se extravía. *Gloria...*

Que sus palabras ablanden los corazones endurecidos. *María, Madre de gracia...*

*Oh, Jesús mío...*

## Cuarto misterio luminoso:
## la transfiguración

*Seis días más tarde, Jesús tomó consigo a Pedro, a Santiago y a su hermano Juan, y subió con ellos aparte a un monte alto. Se transfiguró delante de ellos, y su rostro resplandecía como el sol, y sus vestidos se volvieron blancos como la luz (Mt 17, 1-2).*

*Oración*

Jesús, al revelar tu magnificencia celestial a los apóstoles, transforma a este sacerdote en el hombre que Tú le llamas a ser. Te alabamos en este momento. Nos quedamos maravillados y enmudecidos al admirar tu divinidad. En tu resplandeciente transfiguración en este monte, acuérdate de tu sacerdote, llamado a ser luz para los demás. ¡Ayúdale a ver tu majestad y a vivir contigo en la eternidad!

Mantén los ojos del padre _____ abiertos a tu luz divina. *Padrenuestro...*
Permítele ver tu gloria. *Avemaría...*

Despiértale de todo letargo espiritual. *Avemaría...*
Que tu luz brille ante los hombres a través de él.
*Avemaría...*
Ayúdale a buscarte si se vuelve tibio. *Avemaría...*
Dale el deseo, el tiempo y los recursos necesarios
para retirarse y estar contigo. *Avemaría...*
Ayúdale a escucharte con atención. *Avemaría...*
Ayúdale a buscar la luz de tu rostro. *Avemaría...*
Como ordenaste a los apóstoles en la transfigura-
ción, ayúdale a escuchar. *Avemaría...*
Ayúdale a no tener miedo en medio de la oscuri-
dad. *Avemaría...*
Transforma su vida con el poder del Espíritu San-
to. *Avemaría...*
Ayúdale a permanecer despierto y a estar prepa-
rado. *Gloria...*
Ayúdale a dejarse guiar por ti. *María, Madre de
gracia...*
*Oh, Jesús mío...*

## Quinto misterio luminoso: la institución de la Eucaristía

*Mientras comían, Jesús tomó pan y, después de
pronunciar la bendición, lo partió, lo dio a los*

discípulos y les dijo: «Tomad, comed: esto es mi cuerpo» (Mt 26, 26).

*Oración*

Al darnos tu sagrado Cuerpo, Sangre, Alma y Divinidad, aclamamos tu grandeza. En este momento, Señor, ayuda a tu sacerdote a servirte con fervor cada vez que ofrezca el Santo Sacrificio. Concédele todas las gracias necesarias para su vocación y ayúdale a amar la Eucaristía, nuestro mayor tesoro en la tierra.

Ayuda al padre _____ a desear fervorosamente tu Cuerpo y tu Sangre. *Padrenuestro...*
Ayúdale a anhelar pasar más tiempo en tu sagrada presencia. *Avemaría...*
Concédele gracias sobrenaturales al administrarnos el Santísimo Sacramento. *Avemaría...*
Que su reverencia inspire y guíe a otros hacia Ti. *Avemaría...*
Que reconozca cada día tu magnificencia. *Avemaría...*
Que vea tu asombrosa maravilla. *Avemaría...*
Que su alma rebose de alabanzas a Ti. *Avemaría...*

Dale consuelo y alivio en tu presencia. *Avemaría...*
Ayúdale a prepararse dignamente para la celebración eucarística. *Avemaría...*
Llena su alma de alegría abundante. *Avemaría...*
Ayúdale a valorar esta alianza ratificada con tu Sangre. *Avemaría...*
Ayúdale a esperar con ilusión el reino que le has preparado. *Gloria...*
Ayúdale a iluminar a su rebaño para que crea en este gran misterio. *María, Madre de gracia...*
Guíalo a la eternidad en el cielo. *Oh, Jesús mío...*
*Dios te Salve, Reina y Madre...*
*En el nombre del Padre, y del Hijo, y del Espíritu Santo. Amén.*

## MISTERIOS DOLOROSOS

### Primer misterio doloroso: la oración de Jesús en el huerto

*Entonces les dijo: «Mi alma está triste hasta la muerte; quedaos aquí y velad conmigo». Y adelantándose un poco cayó rostro en tierra y oraba diciendo: «Padre mío, si es posible, que pase de mí este cáliz. Pero no se haga como yo quiero, sino como quieres tú». Y volvió a los discípulos y los encontró dormidos. Dijo a Pedro: «¿No habéis podido velar una hora conmigo?» (Mt 26, 38-40).*

*Oración*

Mientras oras y sufres por nosotros, nuestro Dios y Señor, te alabamos. Te damos gracias por las gotas de sangre que derramaste por nosotros en tu agonía. En tu momento de sufrimiento inimaginable, acuérdate de tu siervo fiel; ayúdale cuando se sienta tentado o débil.

Dale al padre _____ tu gracia cuando esté afligido. *Padrenuestro...*
Inspírale para que vele contigo. *Avemaría...*
Ayúdale a confiar en la voluntad del Padre. *Avemaría...*
Ayúdale a ser fiel en sus oraciones diarias. *Avemaría...*
Dale palabras de sabiduría para consolar a los que sufren. *Avemaría...*
Recuérdale que ofrezca su sufrimiento por los demás. *Avemaría...*

Ayúdale a beber con valentía la copa que se le ofrece. *Avemaría...*

Cuando se enfrente a un desafío, ayúdale a encontrar su fuerza en Ti. *Avemaría...*

Envíale un ángel en sus momentos de debilidad. *Avemaría...*

Que sus oraciones sean fervorosas. *Avemaría...*

Ayúdale a ser un poderoso intercesor para su rebaño. *Avemaría...*

Ayúdale a no caer en la tentación. *Gloria...*

Ayúdale a perseverar en la oración. *María, Madre de gracia...*

*Oh, Jesús mío...*

## Segundo misterio doloroso: la flagelación del Señor

*Ellos gritaron de nuevo: «Crucifícalo». Pilato les dijo: «Pues ¿qué mal ha hecho?». Ellos gritaron más fuerte: «Crucifícalo». Y Pilato, queriendo complacer a la gente, les soltó a Barrabás; y a Jesús, después de azotarlo, lo entregó para que lo crucificaran (Mc 15, 13-15).*

*Oración*

Eres azotado, despojado, flagelado y torturado, Jesús, Señor y Salvador nuestro. Observamos con horror y dolor, y aun así te alabamos en tu gloria. En tu insoportable momento de dolor y tristeza, acuérdate de este sacerdote leal y ayúdale en su sufrimiento.

Que no encuentres falta alguna en el padre _____ en el Juicio Final. *Padrenuestro...*
Llénalo de esperanza cuando se sienta traicionado. *Avemaría...*
Ayúdale a permanecer firme en sus convicciones. *Avemaría...*
Cuando reciba un golpe, dale fuerza. *Avemaría...*
Dale la gracia de someterse a tu voluntad, cueste lo que cueste. *Avemaría...*
Si es acusado falsamente, dale paz. *Avemaría...*
Mantén viva tu vida divina en su alma. *Avemaría...*
Cuando sea insultado, ayúdale a recordar lo que Tú soportaste, Jesús. *Avemaría...*
Ayúdale a aceptar los desafíos y dificultades que conlleva su vocación. *Avemaría...*
Cuando otros sean preferidos, ayúdale a dar gracias. *Avemaría...*

Ayúdale a permanecer en silencio cuando sea apropiado. *Avemaría...*

Cuando sus heridas sean profundas, cúralas. *Gloria...*

Protégelo de los pecados de la carne. *María, Madre de gracia...*

*Oh, Jesús mío...*

## Tercer misterio doloroso: la coronación de espinas

*Entonces los soldados del gobernador se llevaron a Jesús al pretorio y reunieron alrededor de él a toda la cohorte: lo desnudaron y le pusieron un manto de color púrpura y trenzando una corona de espinas se la ciñeron a la cabeza y le pusieron una caña en la mano derecha. Y doblando ante él la rodilla, se burlaban de él diciendo: «¡Salve, rey de los judíos!». Luego le escupían, le quitaban la caña y le golpeaban con ella la cabeza. Y terminada la burla, le quitaron el manto, le pusieron su ropa y lo llevaron a crucificar» (Mt 27, 27-31).*

*Oración*

Tú eres nuestro Redentor, y te alabamos y honramos. Estás coronado de espinas, y te adoramos como único Rey verdadero. Especialmente en este momento de burla y escarnio, aumentamos nuestra alabanza, proclamando: «¡Salve, Rey Jesús!». Acuérdate de tu siervo, el padre _____, y en este momento acompáñalo cuando sea traspasado por el pecado.

Concede al padre _____ las gracias necesarias para rezar por los que le persiguen. *Padrenuestro...*
Si lo pierde todo, consuélale. *Avemaría...*
Ayúdale a sentir tu presencia cuando se sienta solo. *Avemaría...*
Alivia su dolor. *Avemaría...*
Fortalécele cuando sea objeto de burlas o críticas. *Avemaría...*
Ayúdale a «no hacer frente al que le agravie» (Mt 5, 39). *Avemaría...*
Ayúdale a poner la otra mejilla. *Avemaría...*
Ayúdale a caminar dos millas cuando se vea obligado a recorrer una. *Avemaría...*
Concédele la gracia de amar a sus enemigos. *Avemaría...*

Ayúdale a rezar por aquellos que profanan las cosas sagradas. *Avemaría...*

Cúbrelo de compasión. *Avemaría...*

Ayúdale a recordar que su cuerpo es templo del Espíritu Santo. *Gloria...*

Recuérdale que toda bondad proviene de ti. *María, Madre de gracia...*

*Oh, Jesús mío...*

## Cuarto misterio doloroso: Jesús con la cruz a cuestas

*Pasaba uno que volvía del campo, Simón de Cirene, el padre de Alejandro y de Rufo; y lo obligan a llevar la cruz. Y conducen a Jesús al Gólgota (que quiere decir lugar de «la Calavera») (Mc 15, 21-22).*

*Oración*

Mientras Simón toma tu cruz, aliviando tu carga, Señor, te alabamos. Creemos que eres el Dios-Hombre, que estás aquí para salvarnos. Queremos consolarte. Nos duele verte cargar con esta cruz y también queremos ayudarte. Te agradecemos tu sufrimiento y te pedimos ahora, en este momento, que ayudes a tu querido sacerdote a sobrellevar con celo sus arduos deberes por tu Iglesia.

Ayuda al padre _____ a no albergar odio en su corazón. *Padrenuestro...*

Ayúdale a ser lento a la ira. *Avemaría...*

Evita que guarde rencor. *Avemaría...*

Aligera su carga. *Avemaría...*

Ayúdale a llevar su cruz diaria. *Avemaría...*

Apresúrate a socorrerle cuando sea demasiado pesada para él. *Avemaría...*

Guíale. *Avemaría...*

Envíale asistencia divina cuando la necesite. *Avemaría...*

Dale fuerza sobrenatural para aliviar la cruz de otros. *Avemaría...*

Rescátalo de la esclavitud del pecado. *Avemaría...*

Proporciónale alivio cuando la carga de la vida le resulte pesada. *Avemaría...*

Cuando sea despreciado, dale tu gracia. *Gloria...*

Ayúdale a recibir la recompensa de la vida eterna. *María, Madre de gracia...*

*Oh, Jesús mío...*

## Quinto misterio doloroso: crucifixión y muerte de Jesús

*Era ya como la hora sexta, y vinieron las tinieblas sobre toda la tierra, hasta la hora nona, porque se oscureció el sol. El velo del templo se rasgó por medio. Y Jesús, clamando con voz potente, dijo: «Padre, a tus manos encomiendo mi espíritu». Y, dicho esto, expiró. El centurión, al ver lo ocurrido, daba gloria a Dios diciendo: «Realmente, este hombre era justo». Toda la muchedumbre que había concurrido a este espectáculo, al ver las cosas que habían ocurrido, se volvía dándose golpes de pecho. Todos sus conocidos y las mujeres que lo habían seguido desde Galilea se mantenían a distancia, viendo todo esto (Lc 23, 44-49).*

*Oración*

En el momento de tu crucifixión, te alabamos, Señor y Dios nuestro. Nos aterra y entristece, tanto por Ti como por nosotros, pensar en una vida sin Ti. A pesar de ello, te honramos en este momento como nuestro Rey y Dios. Creemos en Ti y te suplicamos, con lágrimas en los ojos, que tengas misericordia de este sacerdote que obra *in persona Christi*. Acuérdate de él y pídele a Dios, nuestro Padre, que le perdone sus pecados.

Ayuda al padre _____ a estar dispuesto a morir a sí mismo cada día. *Padrenuestro...*
Concédele una gratitud incesante hacia Ti. *Avemaría...*
Ayúdale a imitarte a Ti, nuestro Salvador crucificado. *Avemaría...*
Dale un amor por el prójimo como el tuyo. *Avemaría...*
Ayúdale a confiar en Ti cuando su dolor sea intenso. *Avemaría...*
Dale esperanza en la oscuridad. *Avemaría...*
Cuando esté nervioso, dale paz. *Avemaría...*
Ayúdale a perdonar a los demás. *Avemaría...*
Ayúdale a esforzarse por dar lo mejor de sí mismo. *Avemaría...*
Dale pasión por la verdad. *Avemaría...*
Ayúdale a ser diligente en el cuidado de su rebaño. *Avemaría...*
Aumenta su devoción y disminuye el orgullo en su corazón. *Gloria...*
Ayúdale a ser un faro de luz que guíe a otros hacia Ti. *María, Madre de gracia...*

Guíalo a la eternidad en el cielo. *Oh, Jesús mío...*
*Dios te salve, Reina y Madre...*
*En el nombre del Padre, y del Hijo, y del Espíritu Santo. Amén.*

## MISTERIOS GLORIOSOS

### Primer misterio glorioso:
### la resurrección del Hijo de Dios

*El primer día de la semana, de madrugada, las mujeres fueron al sepulcro llevando los aromas que habían preparado. Encontraron corrida la piedra del sepulcro. Y, entrando, no encontraron el cuerpo del Señor Jesús. Mientras estaban desconcertadas por esto, se les presentaron dos hombres con vestidos refulgentes. Ellas quedaron despavoridas y con las caras mirando al suelo y ellos les dijeron: «¿Por qué buscáis entre los muertos al que vive?» (Lc 24, 1-5).*

*Oración*

Jesús, has resucitado como dijiste, ¡aleluya! Has vencido a la muerte. En el momento de tu resurrección, oh Señor Jesucristo, cantamos con alegría; ante este glorioso acontecimiento, te adoramos. Acuérdate ahora de tu fiel ministro (en el momento de tu gran victoria), y dale tu paz eterna.

Ayuda al padre _____ a mantener la mirada puesta en la eternidad. *Padrenuestro...*

Dale confianza. *Avemaría...*

Ayúdale a instruir a tu pueblo en la verdad. *Avemaría...*

Líbralo del mal y del pecado. *Avemaría...*

Ayúdale a difundir la buena nueva. *Avemaría...*

Ayúdale, Jesús, a reconocerte en los demás. *Avemaría...*

Dale fe en tu poder sanador. *Avemaría...*

Dale la alegría de la resurrección. *Avemaría...*

Ayúdale a animar a los demás cuando la fe de ellos se tambalee. *Avemaría...*

Calma sus miedos. *Avemaría...*

Dale una alegría contagiosa. *Avemaría...*

Haz que sea una luz radiante para los demás. *Gloria...*

Aumenta su paciencia. *María, Madre de gracia...*

*Oh, Jesús mío...*

## Segundo misterio glorioso:
## la ascensión del Señor al cielo

*Después de hablarles, el Señor Jesús fue llevado al cielo y se sentó a la derecha de Dios (Mc 16, 19).*

*Oración*

En el momento de tu ascensión al cielo, Jesús, nuestro Dios y Señor, sentimos la esperanza de volver a verte. Cantamos: «¡Gloria a Dios en las alturas, a ti, nuestro Rey celestial!». Durante tu ascensión, ten piedad de este sacerdote y concédele las gracias necesarias para seguirte.

Ayuda al padre _____ cuando sienta el peso de su pecado. *Padrenuestro...*

Dale tu paz. *Avemaría...*

Ayúdale cuando se enfrente a una situación estresante. *Avemaría...*

Fortalece su fe en tiempo de persecución. *Avemaría...*

Ayúdale a creer en la Palabra que proclamaste. *Avemaría...*

Abre su mente a las Sagradas Escrituras. *Avemaría...*

Dale tu Sagrado Corazón. *Avemaría...*

Fortalece su devoción a la Eucaristía. *Avemaría...*

Ayúdale a permanecer en gracia. *Avemaría...*
Ayúdale a llevar tu paz por donde vaya. *Avemaría...*
Ayúdale a atender a los moribundos. *Avemaría...*
Guíalo por el buen camino por amor a tu Nombre. *Gloria...*
Ayúdale a ser bondadoso. *María, Madre de gracia...*
*Oh, Jesús mío...*

## Tercer misterio glorioso:
## la venida del Espíritu Santo

*Al cumplirse el día de Pentecostés, estaban todos juntos en el mismo lugar. De repente, se produjo desde el cielo un estruendo, como de viento que soplaba fuertemente, y llenó toda la casa donde se encontraban sentados. Vieron aparecer unas lenguas, como llamaradas, que se dividían, posándose encima de cada uno de ellos. Se llenaron todos de Espíritu Santo y empezaron a hablar en otras lenguas, según el Espíritu les concedía manifestarse (Hechos de los Apóstoles 2, 1-4).*

*Oración*

Tú enviaste el Espíritu Santo a los apóstoles, y ellos están asombrados por tus gloriosas maravillas. Estamos muy agradecidos por este don del Espíritu Santo que lo impregna todo. Te alabamos y te glorificamos. En este momento, llena a tu siervo del Espíritu Santo en tu gran bondad.

Espíritu Santo, fortalece al padre _____ y dale valor. *Padrenuestro...*
Llena su corazón de tu amor. *Avemaría...*
Espíritu Santo, ilumínale. *Avemaría...*
Ayúdale a contar sus bendiciones en medio de las dificultades. *Avemaría...*
Cuando esté cansado y agobiado, dale descanso. *Avemaría...*
Espíritu Santo, guía sus palabras. *Avemaría...*
Espíritu Santo, aumenta tus dones en él. *Avemaría...*
Ayúdale a venerarte, oh Tercera Persona de la Trinidad. *Avemaría...*
Espíritu Santo, ayúdale a confiar en Ti. *Avemaría...*
Espíritu Santo, ayúdale a proclamar la fe para que otros puedan comprender. *Avemaría...*

Espíritu Santo, ayúdale a transmitir con eficacia las verdades divinas. *Avemaría...*

Ven, Espíritu Santo, llena el corazón de este fiel sacerdote. *Gloria...*

Ayúdale a crecer en autocontrol. *María, Madre de gracia...*

*Oh, Jesús mío...*

## Cuarto misterio glorioso:
## la asunción de María al cielo

*«Porque ha mirado la humildad de su esclava. Desde ahora me felicitarán todas las generaciones, porque el Poderoso ha hecho obras grandes en mí: su nombre es santo» (Lc 1, 48-49).*

*Oración*

¡Gloria a Ti, Santísima e Indivisa Trinidad! Al ascender el cuerpo de nuestra Santísima Madre al cielo, te damos gracias y te pedimos que te acuerdes ahora de este pastor, tu sacerdote, que sigue el camino de María. Te damos gracias por permitirnos participar de su amor tierno y maternal y te imploramos que enseñes a este sacerdote a seguir su ejemplo.

Ayuda al padre _____ a seguir el camino de María. *Padrenuestro...*

Ayúdale a mirar a María, nuestro modelo de fortaleza. *Avemaría...*

Ayúdale a ser devoto de María. *Avemaría...*

Ayúdale a recurrir cada día a Ella. *Avemaría...*

María, sé una Madre para él. *Avemaría...*

María, acógelo en tu Inmaculado Corazón. *Avemaría...*

María, ayúdale ahora y en la hora de su muerte. *Avemaría...*

María, sé su refugio en los momentos difíciles. *Avemaría...*

María, guíalo hacia Jesús. *Avemaría...*

Ayúdale a meditar en las cosas celestiales. *Avemaría...*

Ayúdale a tener autodisciplina. *Avemaría...*

Jesús, ayúdale a perdonar como Tú nos has enseñado. *Gloria...*

Ayúdale a crecer en santidad. *María, Madre de gracia...*

*Oh, Jesús mío...*

## Quinto misterio glorioso: la coronación de María como Reina y Señora de todo lo creado

*Un gran signo apareció en el cielo: una mujer vestida del sol, y la luna bajo sus pies y una corona de doce estrellas sobre su cabeza (Ap 12, 1).*

*Oración*

¡Te alabamos, Señor, en el cielo y en la tierra! Tú honras a nuestra Santísima Madre en las alturas, coronándola como Reina del Cielo. En este momento luminoso de su coronación, te damos gracias. Te estamos profundamente agradecidos por darnos a esta brillante Estrella que nos guía. Te suplicamos que ayudes a este sacerdote a imitar el *fiat* de María y a seguir su ejemplo, alabando al Cordero de Dios por toda la eternidad.

Concede al padre _____ todas las gracias que necesita en su vocación. *Padrenuestro...*
Ayúdale a ser un hombre íntegro. *Avemaría...*
Aumenta su amor por su vocación. *Avemaría...*
Dale la santa fortaleza. *Avemaría...*

María, sé su Reina. *Avemaría...*

María, ayúdale a rezar. *Avemaría...*

Dale conocimiento sobrenatural. *Avemaría...*

Ayúdale a administrar sabiamente el sacramento de la reconciliación. *Avemaría...*

Ayúdale a dar buen fruto con sus palabras y su ejemplo. *Avemaría...*

Ayúdale a ser un maestro prudente. *Avemaría...*

Ten piedad de él. *Avemaría...*

Revitaliza su alma. *Gloria...*

Ayúdale a aconsejar a los demás con sabiduría y generosidad. *María, Madre de gracia...*

Guíale a la eternidad en el cielo. *Oh, Jesús mío...*

*Dios te salve, Reina y Madre...*

*En el nombre del Padre, del Hijo y del Espíritu Santo. Amén.*

# VIACRUCIS

*«Cuando levantéis en alto al Hijo del hombre, sabréis que "Yo soy", y que no hago nada por mi cuenta, sino que hablo como el Padre me ha enseñado» (Jn 8, 28).*

Las estaciones del viacrucis se pueden rezar recorriendo —o no— las catorce estaciones en la iglesia. Si estás rezando esta hora santa en adoración con el Santísimo Sacramento expuesto, reza las estaciones permaneciendo en tu banco.

## Oración inicial

Al entrar en este tiempo de oración y meditar sobre tu sufrimiento, muerte y resurrección, oh Señor Jesucristo, te pedimos que sanes al padre _____, lo bendigas y tengas misericordia de él. En tu sufrimiento y en tu gloria, Señor, creemos en Ti.

¡Bendición, honor y gloria a ti, Rey Redentor!

Padrenuestro...

Avemaría...

Gloria...

## Primera estación: Jesús es condenado a muerte

V: Te adoramos, oh Cristo, y te bendecimos.

R: Que por tu santa cruz redimiste al mundo.

> *Cuando lo vieron los sumos sacerdotes y los guardias, gritaron: «¡Crucifícalo, crucifícalo!». Pilato les dijo: «Lleváoslo vosotros y crucificadlo, porque yo no encuentro culpa en él» (Jn 19, 6).*

Mientras la multitud te grita y clama: «¡Crucifícalo!», nosotros te ofrecemos nuestras alabanzas. Te exaltamos y decimos: «Santo, Santo, Santo es el Señor, Dios del universo. Bendito el que viene en nombre del Señor. Hosanna en el cielo». En el momento en que tus torturadores se burlan de ti y te golpean, contempla a este sacerdote que ha dado su vida para servirte.

En este momento, nuestro amado Señor Jesucristo, te pedimos que sanes al padre _____, lo bendigas y tengas misericordia de él.

¡Bendición, honor y gloria a ti, Rey Redentor!

Padrenuestro...

Avemaría...

Gloria...

## Segunda estación: Jesús carga con la cruz

V: Te adoramos, oh Cristo, y te bendecimos.

R: Que por tu santa cruz redimiste al mundo.

> *Entonces se lo entregó para que lo crucificaran. Tomaron a Jesús, y, cargando él mismo con la cruz, salió al sitio llamado "de la Calavera" (que en hebreo se dice Gólgota) (Jn 19, 16-17).*

Tú llevas tu cruz y nosotros te observamos en silencio, honrándote como Rey nuestro. Ahora, en lugar de ir montado en un burro y escuchar gritos de alabanza, oyes los gritos de los que quieren que sufras y mueras. Al comenzar tu camino hacia el Calvario, mira con bondad a este sacerdote, que lleva muchas cargas que solo Tú conoces.

En este momento, nuestro amado Señor Jesucristo, te pedimos que sanes al padre _____, lo bendigas y tengas misericordia de él.

✛  ✛  ✛

¡Bendición, honor y gloria a ti, Rey Redentor!
Padrenuestro...
Avemaría...
Gloria...

## Tercera estación: Jesús cae por primera vez

V: Te adoramos, oh Cristo, y te bendecimos.
R: Que por tu santa cruz redimiste al mundo.

*El justo cae siete veces y se levanta (Prov 24, 16).*

El peso de la cruz es excesivo y caes al suelo. En el momento de tu primera caída queremos darte gloria, nuestro Rey celestial. Este sacerdote, que ha dado su vida para servirte, cae a menudo y necesita tu ayuda. En tu bondad, dale las gracias necesarias para levantarse, perseverar y seguir adelante.

En este momento, nuestro amado Señor Jesucristo, te pedimos que sanes al padre _____, lo bendigas y tengas misericordia de él.

✠ ✠ ✠

¡Bendición, honor y gloria a ti, Rey Redentor!
Padrenuestro...
Avemaría...
Gloria...

## Cuarta estación: Jesús encuentra a María, su Santísima Madre

V: Te adoramos, oh Cristo, y te bendecimos.
R: Que por tu santa cruz redimiste al mundo.

> *Jesús, al ver a su madre y junto a ella al discípulo al que amaba, dijo a su madre: «Mujer, ahí tienes a tu hijo». Luego, dijo al discípulo: «Ahí tienes a tu madre». Y desde aquella hora, el discípulo la recibió como algo propio (Jn 19, 26-27).*

Tu madre está cerca del tortuoso camino hacia tu crucifixión, Jesús. Aunque no dice ni una palabra, sabemos que su corazón está destrozado al verte sufrir. Gracias por darnos una madre tan fiel. Este sacerdote, uno de tus hijos predilectos, también necesita a tu Madre. Ayúdale a recurrir a Ella cuando tenga dificultades de cualquier tipo.

En este momento, nuestro amado Señor Jesucristo, te pedimos que sanes al padre _____, lo bendigas y tengas misericordia de él.

✣   ✣   ✣

¡Bendición, honor y gloria a ti, Rey Redentor!
Padrenuestro...
Avemaría...
Gloria...

## Quinta estación: Simón ayuda a llevar la cruz de Jesús

V: Te adoramos, oh Cristo, y te bendecimos.
R: Que por tu santa cruz redimiste al mundo.

*Al salir, encontraron a un hombre de Cirene, llamado Simón, y lo forzaron a llevar su cruz (Mt 27, 32).*

Jesús, estamos muy agradecidos porque se te ha dado un pequeño respiro en tu lucha, al ayudarte Simón con la cruz. La agonía se alivia un poco al pasar el peso a otro. En tu bondad, Señor, envía a tu sacerdote tu santa ayuda cuando la tarea que se le encomienda requiera la ayuda de otros.

En este momento, nuestro amado Señor Jesucristo, te pedimos que sanes al padre _____, lo bendigas y tengas misericordia de él.

✝ ✝ ✝

¡Bendición, honor y gloria a ti, Rey Redentor!
Padrenuestro...
Avemaría...
Gloria...

### Sexta estación: La Verónica enjuga el rostro de Jesús

V: Te adoramos, oh Cristo, y te bendecimos.
R: Que por tu santa cruz redimiste al mundo.

*«En verdad os digo que cada vez que lo hicisteis con uno de estos, mis hermanos más pequeños, conmigo lo hicisteis» (Mt 25, 40).*

El sudor y la sangre que brotan de tu rostro te escuecen en los ojos. Te alabamos en medio de las burlas de los presentes. Verónica siente compasión al verte y, con un paño, toca suavemente tu Santo Rostro. Tu sacerdote también necesita amabilidad, comprensión y compasión cuando se enfrenta a dificultades.

En este momento, nuestro amado Señor Jesucristo, te pedimos que sanes al padre _____, lo bendigas y tengas misericordia de él.

✢ ✢ ✢

¡Bendición, honor y gloria a ti, Rey Redentor!
Padrenuestro...
Avemaría...
Gloria...

## Séptima estación: Jesús cae por segunda vez

V: Te adoramos, oh Cristo, y te bendecimos.
R: Que por tu santa cruz redimiste al mundo.

> *Muchos de ellos tropezarán, caerán, se harán pedazos, quedarán enredados, serán capturados (Is 8, 15).*

El peso de la cruz sigue hundiéndote, Jesús, y este camino parece interminable. ¡Es difícil imaginar que tengas que soportar aún más dolor! Todos los santos ángeles comprenden la agonía que sufre el único Dios, pero nosotros lo contemplamos con confusión. En este mismo momento, tu sacerdote tiene que soportar más dolor mientras vive en este valle de lágrimas. Ayúdale a levantarse contigo, una y otra vez, cuando su servicio le resulte una carga demasiado pesada.

En este momento, nuestro amado Señor Jesucristo, te pedimos que sanes al padre _____, lo bendigas y tengas misericordia de él.

✝ ✝ ✝

¡Bendición, honor y gloria a ti, Rey Redentor!
Padrenuestro...
Avemaría...
Gloria...

**Octava estación: Jesús consuela a las hijas de Jerusalén**

V: Te adoramos, oh Cristo, y te bendecimos.
R: Que por tu santa cruz redimiste al mundo.

*Lo seguía un gran gentío del pueblo, y de mujeres que se golpeaban el pecho y lanzaban lamentos por él. Jesús se volvió hacia ellas y les dijo: «Hijas de Jerusalén, no lloréis por mí, llorad por vosotras y por vuestros hijos, porque mirad que vienen días en los que dirán: "Bienaventuradas las estériles y los vientres que no han dado a luz y los pechos que no han criado". Entonces empezarán a decirles a los montes: "Caed sobre nosotros", y a las colinas: "Cubridnos"; porque, si esto hacen con el leño verde, ¿qué harán con el seco?» (Lc 23, 27-31).*

Miras con bondad a las mujeres que lloran por Ti. Estás maltrecho y roto, pero nos consuelas. Gracias, Señor. Concede a este sacerdote la gracia de cuidar de su rebaño incluso cuando tenga que enfrentarse a grandes desafíos y sufrimientos.

En este momento, nuestro amado Señor Jesucristo, te pedimos que sanes al padre _____, lo bendigas y tengas misericordia de él.

✧   ✧   ✧

¡Bendición, honor y gloria a ti, Rey Redentor!

Padrenuestro...
Avemaría...
Gloria...

**Novena estación: Jesús cae por tercera vez**

V: Te adoramos, oh Cristo, y te bendecimos.
R: Que por tu santa cruz redimiste al mundo.

> *El Señor asegura los pasos del hombre, se complace en sus caminos; si tropieza, no caerá, porque el Señor lo tiene de la mano (Sal 37, 23-24).*

Jesús, has caído de nuevo. Nos cuesta mucho soportarlo. Aunque no podemos comprender todo lo que tenemos ante nosotros, te veneramos con todo nuestro corazón. Al caer por tercera vez, evita que este sacerdote se desespere cuando se sienta abatido por las pruebas y tribulaciones.

En este momento, nuestro amado Señor Jesucristo, te pedimos que sanes al padre _____, lo bendigas y tengas misericordia de él.

✠   ✠   ✠

¡Bendición, honor y gloria a ti, Rey Redentor!

Padrenuestro...

Avemaría...

Gloria...

## Décima estación: Despojan a Jesús de sus vestiduras

V: Te adoramos, oh Cristo, y te bendecimos.

R: Que por tu santa cruz redimiste al mundo.

> *Los soldados, cuando crucificaron a Jesús, cogieron su ropa, haciendo cuatro partes, una para cada soldado, y apartaron la túnica. Era una túnica sin costura, tejida toda de una pieza de arriba abajo. Y se dijeron: «No la rasguemos, sino echémosla a suerte, a ver a quién le toca». Así se cumplió la Escritura: «Se repartieron mis ropas y echaron a suerte mi túnica» (Jn 19, 23-24).*

Jesús, te despojaron de tus vestiduras para quitarte tu dignidad. Pero como Tú eres el único Rey verdadero, solo Tú eres exaltado. Ayuda a tu sacerdote cuando se sienta indefenso o cuando su dignidad haya sido empañada.

En este momento, nuestro amado Señor Jesucristo, te pedimos que sanes al padre _____, lo bendigas y tengas misericordia de él.

✣  ✣  ✣

¡Bendición, honor y gloria a ti, Rey Redentor!
Padrenuestro...
Avemaría...
Gloria...

## Undécima estación: Jesús es clavado en la cruz

V: Te adoramos, oh Cristo, y te bendecimos.
R: Que por tu santa cruz redimiste al mundo.

> *Y cuando llegaron al lugar llamado «La Calavera», lo crucificaron allí, a él y a los malhechores, uno a la derecha y otro a la izquierda. Jesús decía: «Padre, perdónalos, porque no saben lo que hacen» (Lc 23, 33-34).*

Con temor y temblor contemplamos, Jesús, cómo clavan en tu precioso cuerpo los clavos. Presenciando este horror, aumentamos nuestras alabanzas hacia Ti. Perdona a este sacerdote, incluso cuando hace algo que considera imperdonable.

En este momento, nuestro amado Señor Jesucristo, te pedimos que sanes al padre _____, lo bendigas y tengas misericordia de él.

✠   ✠   ✠

¡Bendición, honor y gloria a ti, Rey Redentor!
Padrenuestro...
Avemaría...
Gloria...

## Duodécima estación: Jesús muere en la cruz

V: Te adoramos, oh Cristo, y te bendecimos.
R: Que por tu santa cruz redimiste al mundo.

*Era ya como la hora sexta, y vinieron las tinieblas sobre toda la tierra, hasta la hora nona, porque se oscureció el sol. El velo del templo se rasgó por medio. Y Jesús, clamando con voz potente, dijo: «Padre, a tus manos encomiendo mi espíritu». Y, dicho esto, expiró (Lc 23, 44-46).*

El mundo está oscuro y da la impresión de que el tiempo se ha detenido. Aunque parezca que no hay esperanza, confiamos en Ti, Señor. Ayuda a este sacerdote a no vivir en la oscuridad sin Ti nunca, y a permanecer siempre en la luz del Espíritu Santo.

En este momento, nuestro amado Señor Jesucristo, te pedimos que sanes al padre _____, lo bendigas y tengas misericordia de él.

✥ ✥ ✥

¡Bendición, honor y gloria a ti, Rey Redentor!
Padrenuestro...
Avemaría...
Gloria...

## Decimotercera estación: Jesús es bajado de la cruz y se lo entregan a su Madre

V: Te adoramos, oh Cristo, y te bendecimos.
R: Que por tu santa cruz redimiste al mundo.

> *Tomaron el cuerpo de Jesús y lo envolvieron en los lienzos con los aromas, según se acostumbra a enterrar entre los judíos (Jn 19, 40).*

Cuando tu cuerpo es bajado de la horrible cruz, Jesús, nos quedamos en silencio. La tristeza nos invade, pero seguimos siendo esos hijos fieles que encuentran la manera de alabarte. Concédele a este sacerdote la confianza de que sus sacrificios darán fruto en la eternidad.

En este momento, nuestro amado Señor Jesucristo, te pedimos que sanes al padre _____, lo bendigas y tengas misericordia de él.

✣ ✣ ✣

¡Bendición, honor y gloria a ti, Rey Redentor!
Padrenuestro...
Avemaría...
Gloria...

## Decimotercera estación: Jesús es sepultado

V: Te adoramos, oh Cristo, y te bendecimos.
R: Que por tu santa cruz redimiste al mundo.

> *José, tomando el cuerpo de Jesús, lo envolvió en una sábana limpia, lo puso en su sepulcro nuevo que se había excavado en la roca, rodó una piedra grande a la entrada del sepulcro y se marchó (Mt 27, 59-60).*

Mientras tu cuerpo es envuelto en el sudario, Jesús, nuestra tristeza es completa. Aunque no podemos comprender lo que ha ocurrido y creemos que te hemos perdido, confiamos en todo lo que nos has enseñado. En nuestro dolor, seguimos cantando tus alabanzas. Te suplicamos que le des a este sacerdote la recompensa eterna en el cielo en el último día.

En este momento, nuestro amado Señor Jesucristo, te pedimos que sanes al padre _____, lo bendigas y tengas misericordia de él.

✢   ✢   ✢

¡Bendición, honor y gloria a ti, Rey Redentor!
Padrenuestro...
Avemaría...
Gloria..

## Oración final del viacrucis

Te damos gracias por este tiempo de meditación sobre tu sufrimiento y muerte, oh Señor Jesucristo. Que nuestras oraciones te den gloria, Señor Resucitado. ¡Bendición, honor y gloria a ti, Rey Redentor! Amén.

# ¡AYÚDALE!

Santísima Trinidad, ayuda al padre _____ en sus luchas diarias.

Señor en tu bondad, libéralo.

Fortalece sus virtudes y ayúdale a superar sus vicios.

Ensancha su corazón para que sea como el tuyo.

Dale una fe inquebrantable.

Llena su mente de luz sobrenatural.

Bendice sus sentidos físicos.

Fortalece su memoria.

Dale las gracias que necesita para atender sus propias necesidades físicas.

Consuélale cuando esté inquieto o afligido.

Dale fuerzas cuando esté fatigado, agotado o triste.

Dale celo por tu reino.

Dale valor para luchar por la verdad.

Dale palabras de consuelo.

Dale la gracia de alejarse de los pecados mortales y aumenta en él los dones y frutos del Espíritu Santo.

Dale fuerza para llevar su cruz de cada día.

Ten piedad de él.

Él cree; ayúdale en su incredulidad.

Ayúdale a contemplar las cosas celestiales, a pesar de vivir en este valle de lágrimas.

Ayúdale a creer en el poder de la oración.

Ayúdale a guardar los diez mandamientos.

Ayúdale a dar fruto con su vocación.

Ayúdale a buscarte con todo su corazón, mente y alma.

Ayúdale a meditar día y noche en tu ley.

Ayúdale a esforzarse al máximo en su trabajo.

Ayúdale a ser leal, entregado y comprometido.

Ayúdale a vivir unido a la Santísima Trinidad en sus pensamientos, palabras y obras.

Ayúdale a enseñar, instruir y animar a los demás.

Ayúdale a vencer la pereza.

Ayúdale a ser optimista.

Ayúdale a dar testimonio con su ejemplo.

Ayúdale a cumplir sus obligaciones con alegría.

Ayúdale a reflejar tu resplandor.

Ayúdale a apreciar las cosas buenas que ha recibido.

Ayúdale a imitar a los santos.

Ayúdale a recordar las prioridades de su vocación.

Ayúdale a superar los desafíos, especialmente la ira, la tristeza y la frustración.

Ayúdale a honrar tu Santo Nombre.

Ayúdale en sus diferentes funciones como pastor, consolador, maestro y amigo.

Ayúdale a vivir los pequeños momentos del día contigo.

Ayúdale a abrir a las Escrituras la mente y el corazón de los demás.

Ayúdale a no ceder al desánimo.

Ayúdale a recordar por qué se hizo sacerdote.

Ayúdale a mantener la mirada fija en su meta eterna.

Ayúdale a saber cuándo hablar y cuándo callar.

Ayúdale a ser coherente con su fe.

Ayúdale a tener una devoción sincera.

Ayúdale a ofrecértelo todo a ti.

Ayúdale a ser sal y luz para el mundo preservando tus santas verdades.

Ayúdale a recordar que está llamado a vivir con alegría por amor a Ti.

Ayúdale a ganar la corona eterna y a vivir contigo por toda la eternidad.

«Que el mismo Dios de la paz santifique total-mente [al padre _____], y que todo [su] espíritu, alma y cuerpo, se mantenga sin reproche hasta la venida de nuestro Señor Jesucristo» (1 Tes 5, 23). Amén.

# ORACIÓN FINAL

*«A todos los que están en Roma, amados de Dios, llamados santos, gracia y paz de Dios nuestro Padre y del Señor Jesucristo» (Rom 1, 7).*

Gracias, Dios mío, por este tiempo en tu santa presencia. Acepta mis sinceras oraciones, y que den fruto en la vida del padre _____.
Padrenuestro...
Avemaría...
Gloria...
¡Gloria a Dios!
Amén.

# ORACIONES DEL ROSARIO

## El Credo de los Apóstoles

Creo en Dios, Padre todopoderoso,
Creador del cielo y de la tierra.
Creo en Jesucristo,
su único Hijo, nuestro Señor,
que fue concebido por obra y gracia del Espíritu
Santo;
nació de santa María Virgen,
padeció bajo el poder de Poncio Pilato,
fue crucificado, muerto y sepultado,
descendió a los infiernos,
al tercer día resucitó de entre los muertos,
subió al cielo,
y está sentado a la derecha de Dios, Padre
todopoderoso.
Desde allí ha de venir

a juzgar a vivos y muertos.
Creo en el Espíritu Santo,
la santa Iglesia católica,
la comunión de los santos,
el perdón de los pecados,
la resurrección de la carne
y la vida eterna.
Amén.

## Padrenuestro

Padre nuestro, que estás en el cielo, santificado sea
tu Nombre; venga a nosotros tu reino; hágase tu
voluntad, así en la tierra como en el cielo. Danos
hoy nuestro pan de cada día; perdona nuestras
ofensas, como también nosotros perdonamos a
los que nos ofenden; no nos dejes caer en la tentación, y líbranos del mal. Amén.

## Avemaría

Dios te salve, María, llena eres de gracia, el Señor
es contigo; bendita tú eres entre todas las mujeres,
y bendito es el fruto de tu vientre, Jesús. Santa

María, Madre de Dios, ruega por nosotros, pecadores, ahora y en la hora de nuestra muerte. Amén.

## Gloria

Gloria al Padre, y al Hijo, y al Espíritu Santo, como era en el principio, ahora y siempre, por los siglos de los siglos. Amén.

## Oración de Fátima

Oh, Jesús mío, perdona nuestros pecados, líbranos del fuego del infierno, lleva al cielo a todas las almas, especialmente a las más necesitadas de tu divina misericordia.

## Salve

Dios te salve, Reina y Madre de misericordia, vida, dulzura y esperanza nuestra. Dios te salve, a Ti llamamos los desterrados hijos de Eva; a Ti suspiramos, gimiendo y llorando, en este valle de lágrimas. Ea, pues, Señora, Abogada nuestra, vuelve a nosotros esos tus ojos misericordiosos; y, después de este destierro, muéstranos a Jesús, fruto bendito de tu vientre. ¡Oh clementísima!, ¡Oh piadosa!, ¡Oh dulce siempre Virgen María!

V. Ruega por nosotros, Santa Madre de Dios.
R. Para que seamos dignos de alcanzar las promesas de Nuestro Señor Jesucristo. Amén.

## Oración final

Oremos: Oh Dios, cuyo Hijo único unigénito ha adquirido para nosotros la recompensa de la vida eterna con su vida, muerte y resurrección, concédenos, te suplicamos, que al meditar estos misterios del rosario de la Santísima Virgen María, imitemos lo que contienen y obtengamos lo que prometen, por el mismo Cristo nuestro Señor. Amén.

## AGRADECIMIENTOS

Quiero dar las gracias a mi esposo, Dan, que me apoya en todos los proyectos que emprendo. Me siento inmensamente bendecida por nuestra fe compartida, nuestra cruz y nuestra amistad. Por nuestros hijos, Danny, Harrison y Anthony, que han inspirado de muchas formas esta obra.

Estoy muy agradecida a los sabios sacerdotes que han influido en mi familia, especialmente a aquellos que han sido buenos amigos y verdaderos padres para nosotros. A monseñor Lawrence B. McInerny, gracias por inspirar este libro y por ser un pastor tan fiel.

Gracias a Jamie Pohlman, a mi grupo de crítica (especialmente a Vijaya Bodach, Janeen Zaio, Michelle Shahid y Deana Lattanzio) y a mis «Siete Hermanas», especialmente a Eileen Kittrell y Mimi Gaeta.

Gracias a Mary Beth Giltner, Elizabeth Scalia y a todos los de OSV.

Por último, quiero dar las gracias a todos los amigos y familiares fieles y cariñosos que han rezado por mí. ¡Doy gracias a Dios por vosotros!

## ACERCA DE LA AUTORA

Tina Jost vive en Charleston, Carolina del Sur, y es una esposa devota y madre de tres hijos. Obtuvo su licenciatura en Psicología en 1995 y posteriormente se dedicó a educar a sus hijos en casa. Escribe en las revistas *Radiant* y *The Catholic Miscellany*, es *coach*, coordinadora profesional de talleres y miembro del Gremio de Escritores Católicos. Como «ancla» del Apostolado de las Siete Hermanas, se compromete a rezar fervientemente por un sacerdote cada semana durante la adoración del Santísimo Sacramento.